أشياء كثيرةٌ لا تَخُصني

غالي أحمد العاطفي

أشياءُ كثيرةٌ لا تَخُصني

شِعر

إصدارات دائرة الثقافة، حكومة الشارقة 2023 م

الناشر: دائرة الثقافة ـ حكومة الشارقة ـ الإمارات العربية المتحدة

الهاتف: +971 6 5123333

البرَّاق: +971 6 5123303

الموقع الإليكتروني: www.sdc.gov.ae

البريد الإليكتروني: sdc@sdc.gov.ae

811.9532

ع. غ أ

العاطفي، غالب أحمد

أشياء كثيرة لا تخصني / غالي أحمد العاطفي.ـ الشارقة، الإمارات العربية المتحدة : دائرة الثقافة، 2023.

240 ص؛ 21X14 سم.

البحث الفائز بالمركز الأول بجائزة الشارقة للإبداع العربي في مجال الشعر ، الإصدار الأول، الدورة 26، 2022 – 2023.

1 – الشعر العربي – اليمن – دواوين وقصائد

أ – العنوان

ب – جائزة الشارقة للإبداع العربي (26 : 2022 – 2023)

ISBN: 9789948799634

إهـداء

إليهما،

وهما معاً منذ ثلاثةِ عُقودٍ، وسَبعِ سُنبلاتٍ،

أحدها أنا:

لولاكما لم تكن هذه الكلمات.

إلى وردةٍ في انتظاري وراءَ الجبالِ البعيدة:

الآن صار بوسعي أن أقول:

ها قد وصلتُ؛ افتحي البابَ يا....

إليكم،

وأنتم ــ مثلي ــ محرومون ويَائِسون من كل شيءٍ:

«سنَكونُ يوماً ما نُريد».

أشياء كثيرةٌ لا تَخُصني

(ولكن الأرض تدور)

جاليليو

أنا وكلُّ رِفَاقِ الحُزنِ نَتَّفِقُ

بأننا بِسِوَى الخذلانِ

لا نَثِقُ

تَرَاجِيديونَ

ما مَرُّوا بِأُغنيةٍ

إلا وشَاغَلَهُم عن سُكرِها القَلَقُ

ومُوجَعُونَ بِلا حَدٍّ

وتحسَبُهُم لا يَشعُرُونَ

وهُم مَن بِالشُّعُورِ شقُوا

وعَاطِفِيُّونَ

أنَّى صَادَفُوا وَجَعاً تَقَمَّصُوهُ

وفِي إطفَائِهِ احتَرَقُوا

لأنَّهُم لم يَخُونُوا صَوتَ فِطرَتِهم

كَانُوا الطَّرِيقَ

لِمَن خَانَتهُمُ الطُّرُقُ

لنْ يَغرَقُوا

إن أَتَى الطُّوفَانُ ثَانِيَةً

وإن رَأَوا دمعَةً مَكسُورَةً

غَرِقُوا

إنَّ الحَقِيقَةَ

مَا يَمشِي بِدَاخِلِنَا

وَليسَ ما يَدَّعِيهِ الحِبرُ والوَرَقُ

في البدءِ

حِينَ طرقتُ البَابَ

حَيَّرَني أنِّي دَخَلتُ!

كَأنَّ البَابَ مُنغَلِقُ!

وبَعدُ

لَم أنتَبِه أنِّي أسِيرُ عَلَى مَاءِ المَجَازِ

وَفوقي غَيمُهُ غَدِقُ

وَلَا سَمَاءَ مَعِي

عَينَايَ بوصلتي

ولَا هَوَاءَ مَعِي

أَنفَاسِيَ الأُفُقُ

مَرَّ (امرئُ القيسِ)

مَفجُوعاً بِوَالِدِهِ

وَعَارياً كانَ يمشي

ظِلُّهُ الشَّبِقُ

وَمَرَّ (سِيزِيفُ)

يَشقَى خَلفَ صَخْرَتِهِ

والصَّخْرَةُ/ الوَهمُ

في المَجهُولِ تَنزَلِقُ

هُنَاكَ أوصلَني صَمتِي الثقيلُ إلى المَعنَى

الَّذي لم يَصِلهُ المَنطِقُ اللبِقُ

قَطَفتُ سَوسَنَةَ المَعنَى

فصَارَحَني:

لا يُدركُ الوَردَ مَن لَم يَهدِهِ العَبَقُ

وَقَالَ لي البَابُ

لَمَّا عُدتُ مُنفَرِداً:

الأصدِقَاءُ هُم الأبوابُ

إنْ صَدَقُوا

وقَالَتِ الرِّيحُ:

لَن تَرتَاحَ يا ابْنَ أَخِي

إلا إِذَا اتَّحَدَتْ ذرَّاتُكَ/ المِزَقُ

وَسَوفَ يَأكُلُكَ المَنفَى

عَلَى مَهَلٍ

إنْ لَم يُخَضِّبْ يَدِيكَ الطِّينُ والعَرَقُ

أَنَا وَكُلُّ رِفَاقِ الحُزنِ،

يا امرَأَةَ الـجُرحِ الأخِيرِ،

جراحٌ ليسَ ترتَتِقُ

نَمشِي على قَلقٍ أعلى

ويُدهشُنا أنَّا نزيدُ عُلُوّاً

حينَ نحترقُ

اللهُ يا مَطَرَ الذِّكرَى،

كَمِ ابتَعَدَت بِنَا المَسَافَةُ

وانشقَّت بِنَا الشُّقَقُ!

بِالأمسِ

كُنتُ هُنَا

والوقتُ مُتَّسِعٌ لِشَهقَتَينِ

وَمَاءُ الليلِ يَندَفِقُ

دَخَلتُ قلبي

فَلَمْ أعثُرْ عليكِ بِهِ

وَعُدت يَسخَرُ مِنِّي الشَّوقُ والأرَقُ

وأنتِ فِي الجَانبِ الغَربيِّ مِن وَجَعي

تَرَينَ آخرَ نَبضٍ فِيَّ يَختَنِقُ

هلِ الحياةُ هِيَ الأضدَادُ؟

كَيفَ إذَن على تَنَافُرِهَا الحَتمِيِّ تَتَّسِقُ؟!

وَكَيفَ يَرقَى إلى الأَسرَارِ مُنكِرُهَا

والأَولِيَاءُ على أَبوابِهَا شُنِقُوا؟!

ومَا الَّذِي يجعَلُ الأشيَاءَ غَامِضَةً

حَدَّ الوُضُوحِ؟

كأنَّ الخَتمَ مُنطَلَقُ!

تَقولُ كُلُّ الأَحَاجِي:

«لا غُموضَ هُنَا»

لَكِنَّهُ مِن أَقَاصِي الرُّوحِ يَنبَثِقُ

أَقُولُ للشَّفقِ الدَّامِي كَأسئِلتِي:

خُذنِي إِلى حِصَّتِي في الليلِ

يا شَفَقُ

لِعَالَمٍ وَارِفِ المعنى

يَليقُ بِنَا

غَداً

سَيُوصِلُنَا إِنسَانُنَا القَلِقُ.

قصاصَةٌ مِن أرشيفِ الصعاليك

(هُمُ الأهلُ، لا مُسَّتودَعُ السِّرِّ ذائِعٌ
لَدَيِهم، ولا الجَانِي بِمَا جَرَّ يُخذَلُ)

مِن الطِّينِ

إلَّا أنَّهم قَد تَخَفَّفُوا

وَشَبُّوا عنِ الصَّلصَالِ فِيهِم

وَرَفرَفُوا

خِفَافاً مَشَوا عبرَ العُصُورِ

كأنَّمَا على الغَيمِ سَاروا

أو على الرِّيحِ جَدَّفُوا

أنيقُونَ

قَبل النورِ كانُوا مَشاعلاً

وقَبل الدَّرَاويشِ الحَيَارَى تَصوَّفُوا

قَريبونَ جِدّاً

إنْ أرَدتَ اقتِفَاءَهُم

«بِسِقطِ اللوَى» مِنهُم بُكَاءٌ وَمَوقِفُ

قُبَيلَ انبِلاجِ الصُّبحِ

كَانت نُجومُهُم تَشُقُّ عُبَابَ الليلِ شَقّاً

وَتَعصِفُ

وَمُذ جَحَدَتهُم «أزدُ»

سَارُوا بِطُهرِهِم

إِلى رَملَةٍ صَاغُوا نَدَاهَا وَكَيَّفُوا

فَكَانُوا على رَملِ المَجَازَاتِ أَنهُراً

وَنَخلاً نَضِيدَ الطَّلعِ يُعطِي فَيسرِفُ

تَعَالَوا على المَألُوفِ

فَامتَدَّ حَدسُهُم

إِلى كُلِّ مَعنى في أَعَالِيهِ طَوَّفُوا

«أَقِيمُوا بَنِي أُمِّي...»
عَلَيهِم أَمَارَةٌ
وَتَغرِيبَةٌ تُتلَى
وَأَسرَارُ تُكشَفُ

صَعَالِيكُ
مَا انقَادُوا لِغَيرِ انتِمَائِهِم لِأروَاحِهِم
كُلُّ انتِمَاءٍ مُزَيَّفُ

هُمُ الدَّهشَةُ الأَحلَى

متى قَالَ خَائِفٌ: مَنِ القَومُ؟

قَالُوا: «نَحنُ أهلُوكَ»

واكتَفُوا

إلى سِدرَةِ الإيثَارِ قَادُوا نُفُوسَهَم

وَبينَ العَطَاءِ الفَذِّ وَالزُّهدِ أَلَّفُوا

«أُقَسِّمُ جِسمِي فِي جُسُومٍ...»:

نَشِيدُهُم

وَمَا انتَسَبُوا، إلَّا لَهُ، أو تَشَرَّفُوا

يَجَوعُونَ

حَتَّى يُؤثِروا كُلَّ جَائِعٍ

وَأجسَادُهُم تَعرَى

وتَضحَى

وتَرجُفُ

«وَإِنْ مُدَّتِ الأيدِي إلى الزَّادِ لم أكُن

بِأعجَلِهم...»

قَالوا:

وَقَالَ التَّعَفُّفُ:

هُمُ المَاءُ

إن نَادَى عَلَى المَاءِ ظَامِئٌ

هُمُ السُّنْبُلاتُ الخُضرُ

والدَّهرُ أَعجَفُ

بِهم أَدرَكَ الإنسَانُ مَعنَى وُجُودِه

وَهُم مُطلَقُ المَعنَى

وَمَا لَيسَ يُعرَفُ

تَضِيقُ القَوَامِيسُ العَرِيضَاتُ عَنهُمُ

لأنَّ الجَمَالَ الحَقَّ مَا لا يُصَنَّفُ

هُنَاكَ

عَلَى بَابِ الأَغَانِي لَمَحتُهُم

وَأَصدَاؤُهُم حَتَّى القِيَامَاتِ تُعزَفُ

فَتَحتُ لَهَم قَلبِي

فَقَالوا لِنَبضِهِ:

«تَمَرَّدْ؛

فَإنَّ الجُرحَ حَتماً سَيَنزِفُ».

المخبوءُ في أعماقِنا

(وأنتَ الذي في حُلوقِ المصابيحِ أُغنيةٌ لا تموت)

محمد الثبيتي

ستشيخُ داليةٌ

ويُورِقُ عوسَجُ

ويجفُّ نهرٌ

في الضلوعِ يحشرجُ

ويطولُ ليلُ المُتَعَبين من السُّرى

حتى يشُكُّوا أنهم لم يُدلِجوا

وستختفي في الأفقِ

آخرُ نجمةٍ كانت تشيرُ لهم:

هناك المَخرَجُ

فاركُضْ بِحُزنكِ

فالطريقُ طويلةٌ جِدّاً،

ولكن الوصولَ سيُبهجُ

واركُضْ بقلبكَ

نحو أبعدِ طعنةٍ

سَيحُدُّها هذا الزمانُ الأهمجُ

هي رحلةٌ

لا بد منها

وليكن عنوانها:

سيجيءُ صبحٌ أبلَجُ

ولأنك اخترتَ القصيدةَ وحدَها

قل ما ترى

لا ما يريدُ المُخرِجُ

واركُض بجُرحكَ

لا نجاةَ لشاعرٍ

مسعاهُ حرفٌ بالبلاد مُضَرَّجُ

حطبٌ هي الكلماتُ:

نُطعِمُها فمَ النارِ التي في ذاتِنا تترجرَجُ

نارٌ هي الكلماتُ:
تأكلُ عمرَنا الذاوي
وتتركُ جرحَنا يتوَهَّجُ

جرحٌ هي الكلماتُ:
تنزِفُنا إلى النفَسِ الأخيرِ
وفي المراثي تعرُجُ

هي حربُنا الكبرى على أخطائنا
وهي الخطيئةُ حينما تُستَدرَجُ

36

لكن من وهبوا الحقيقةَ عمرَهم
لا يتركون جراحَهم تتبرجُ

المُخلصون لما تحسُّ بلاذُهم
يتذوقون جحيمَها
كي ينضجُوا

هم هكذا الشعراءُ...
منذُ تقَمَّصُوا أوجاعَ موطِنِهم
بكوا، وتَهزَّجوا
هم هكذا...
لولا ضَجيجُ بكائِهم عنَّا
لأرْهَقَنَا السُّكونُ المُزعِجُ

هم هكذا...
إن حاصرتهم غُصةٌ
طرقوا سماواتِ الخيالِ لينشجوا

وعلى بياضٍ

- هادئٍ كقلوبِهم -

غرسوا البكاءَ الشاعريَّ

وسَيَّجُوا

وإلى البعيدِ المُشتَهى

حثُّوا الرُّؤى الخضراءَ

وابتَكَروا خُطَىً تتأرَّجُ

ولأنكَ المَخبُوءُ في أعماقِهم

فعليكَ أن تغلِي

لكي يتأجَّجُوا

وعليكَ أن تَئِدَ المَسافةً

بين ما نسجُوا من المعنى

وما لم ينسُجُوا

وعليكَ أن تشقَى

لتَنسَكِبَ الرُّؤَى معنىً بكلِّ شقائِنا يَتَدَجَّجُ

ولسوفَ تقتُلُكَ القصيدةُ، إنَّما
إن لم تَمُت شِعراً فماذا تُنتِجُ؟

يا أنتَ
يا وجَعاً بحجمِ بلادِهِ
وبلادُهُ في بؤسِها تتدَحرَجُ

هذا طريقُكَ للخلودِ وللأسى
فاركُض بقلبِكَ
قلبُ دَهرِكَ أعرَجُ.

خارجٌ عن أوانه

(أَنَا مِثلُكم أو أقلُّ قليلاً)

محمود درويش

تَكَادُ تَلُوحُ خَاتِمَةُ الرِّهَانِ

وَمَا أَسرَجتُ بَعدُ لَهُ حِصَانِي

لأَنَّ حَدَائِقَ الأَسرَارِ

أَعلَى مِن الظِلِّ الخَلِيِّ مِنَ المَعَانِي

أَقُولُ لِ(طَائِرِ الفِينِيقِ):

دَعنِي أُعَانِق وجهَتِي

فِي اللامَكَانِ

سَأَخلَعُ جُبَّةَ المَألُوفِ عَنِّي

وَأسبَحُ

عَكسَ تَيَّارِ الزَّمَانِ

أَنَا هَذَا المُسَافِرُ

من لَيَالِي القُنوتِ

إلى صَبَاحَاتِ الأَغَانِي

وَمِن تَعَبٍ بِفَلَسَفَةِ (المَعَرِّي)

إلى أُنسِ (الرُّصَافَةِ) والتَّدَانِي

ومن شَجَنِ الدَّرَاوِيشِ الحَيَارَى

إلى تَغرِيبَةِ الوَجعِ اليَمَانِي

بِقَلْبِي مَا بِقَلْبِي مِن جِرَاحٍ

أُكَتِّمُهَا

فَيَفْضَحُنِي لِسَانِي

يُبَعْثِرُنِي عَلَى النَّايَاتِ

دَمعاً

وَيَصْلِبُنِي عَلى حُزْنِ الكَمَانِ

عَلى قَلَقَيْنِ

مِن نَارٍ وَرِيحٍ

تُؤَرْجِحُنِي مَشَاوِيرُ الدُّخَانِ

ضَبَابٌ كُلُّها

آفَاقُ حُلِمي

فَكَيفَ أرى الطَّريقَ

ولا أَرَانِي؟

وَبَينَ جَنَازَتينِ

أَرَى بِلاداً تُسَافِرُ

والطَّريقُ رَصَاصَتَانِ

قَرِيباً

يا مَحَطَّاتِ انتِظَارِي

سَأَعرُجُ بي

وَأَبدَأُ مَهرَجَانِي

إلى تُفَّاحَةٍ في الغَيبِ أَرنُو

لِأَعصِرَهَا نَبِيذاً في دِنَانِي

وَمِن جُبٍّ أَطِيرُ

إلى فَضَاءٍ بَعِيدٍ عن مُخَيِّلَةِ الأَمَانِي

أُعَلِّقُ فِي حِبَالِ الشِّعرِ صَوتِي

وَأَغرِسُ فِي فَمِ المَعنَى كَيَانِي

وَأرسمُ فِي مَرَايَا المَاءِ وَجهاً

بِضحكَتِهِ

جَلالُ الأَقحُوَانِ

عن امرَأَةٍ

تُفَردِسُ رَملَ حُزنِي

وَقَد أَشتَتْ مَوَاقِيتُ الغَوَانِي

وَتَغسِلُ مَا تَنَاثَرَ مِن جِرَاحِي

بِماءٍ سالَ من نهرِ الحَنَانِ

هُنَالِكَ

سَوفَ أَبتَكِرُ التَّجَلِّي

وأَصعَدُ بِالفَنَاءِ

إِلى التَّفَانِي

فَلِلوَقتِ استِدَارَتُهُ

وَهذَا:

أَوَانُ الخَارِجِينَ عَنِ الأَوَانِ.

المقطعُ الأخيرُ مِن تغريبة ابن زريق

(يكفي أن يواجهَ المرءُ تجربةَ الاقتلاعِ الأولى
حتى يصبحَ مقتلعاً من هنا إلى الأبدية)
مريد البرغوثي

وقِيلَ:

كادَ فمُ النِّسيَانِ يبلعُهُ

وكادَ ينضبُ في عَينَيهِ منبعُهُ

وقِيلَ:

إن له في (الكرخِ) عاشقةً

تموتُ جوعاً، ولكن لا تُوَدِّعُهُ

وقِيلَ:

جاءَ ــ صَباحَ العيدِ ــ أندَلُسَاً

وكلُّ زاويةٍ بالتِّيهِ تَصفَعُهُ

وَكَانَ يَمشِي

وفي أعمَاقِهِ وَجَعٌ يَمشِي بِهِ

وَعَلى المَنفَى يُوَزِّعُهُ

لا الصَّمتُ يَكتُمُ عنهُ بعضَ وحشَتِهِ

ولا الحَديثُ إلى الجُدرَانِ ينفَعُهُ

عُتبَاكِ يا (هِندُ) يا مِحرابَ دمعتِهِ

«لا تعذُلِيهِ فإن العذلَ يُولِعُهُ»

لَم تَلتَفِت جِهَةَ المَنفَى حَقَائِبُهُ

لو لم تَكُن هَذِهِ الأوطَانُ تَدفَعُهُ

وما تغَرَّبَ عن (بغدادَ) مُقتَنِعاً

لو أنها بِسوى التَّرحَالِ تُقنِعُهُ

الآنَ فِي شَارِعِ المَجهُولِ

سَحنَتُهُ السَّمرَاءُ تَذوِي

وسَيفُ الوقتِ يَقطَعُهُ

لا مَاءَ في قِيعةِ المنفَى يَلُوحُ لَهُ

إلا السَّرَابَ الذي مَا زَالَ يَخدَعُهُ

تَعَثَّرَت في رِمالِ الحَظِّ خُطوَتُهُ

وَليتَ حَظّاً إلى (بَغدَادَ) يُرجِعُهُ

بغدادُهُ لم تَزَل تَنمُو كَسَوسَنةٍ

في قلبِهِ

وصدى نَجوَاكِ يَقرَعُهُ

لَكِنَّهُ مُبعَدٌ عَنها وَمُبتَعِدٌ

«فمَا الذِّ

يُريدُ أن يُكمِلَ المِشوَارَ مُصطَبِراً
وَالمَوتُ أَسرَعُ مِن صَبرٍ يُرَقِّعُهُ

هُنَالِكَ انطَفَأَت أَقمَارُهُ
فَرَأَى أَمَارَةً لِطريقٍ سَوفَ يُبدِعُهُ

فِي ليلِ (قُرطَبَةَ) المُمتَدِّ

نامَ على

تغريبةٍ لم تَزل فينا تُشَيِّعُهُ

كأنها غيمةٌ

من روحهِ انسكبت شِعراً

ليورِقَ في المَعنَى تَوَجُّعُهُ

إلى هُنَا

واستَريحي يا مَوَاجِعَهُ

فإنَّ آخِرَ مَا في الجُرحِ أروَعُهُ.

دهشَةٌ عذرَاء

(أخاف ككل إنسان، ولكن عندي
يقين أن الحب يُذهِبُ الخوف)

نيكوس كازانتزاكي

أحاولُ أن أُصغي قليلاً لضوضائِي

وأُحصي انكساراتي

وأجتازَ أشلائي

وحينَ إلى نفسي أشُدُّ رَكائبِي

تَلوحِينَ من أقصى الغيابِ كَعنقاءِ

أشُمُّكِ عطراً،

من أخَادِيدِ وحدتي يَهُبُّ

ويَغمُرُني من بابِ إعيَائي

وتَسحبُني من قعرِ نفسي اليدُ التي

تبارَكَ إصباحي لديها وإمسائي

تقولينَ لي:

إنَّ الحياةَ جميلةٌ

فلا تُفنها توقاً إلى غدِها النَّائي

وتهمسُ بي عيناكِ:

ما من طريقةٍ لتهزمَ هذا الحُزنَ

إلا بإغوَائي

أُنَادِيكِ:

إني تائةٌ يا صديقتي

فلا تهدِري معناكِ في تيهِ أَصدَائي

أُعِيذُكِ منِّي

من ضَياعٍ أَلِفتُه

ومن سَفَرٍ يجتازُ بي كلَّ بَيدَاءِ

تَشظَّيتُ في كلِّ المَفَازَاتِ

حاملاً على كَتِفي أعباءَ غَيري وأعبائي

وَحَظِّي من الدنيا قليلٌ

كأنَّما حرامٌ عليها أن تَلينَ لأهْوَائي

ولي وطنٌ يغتالُ مَسعَايَ

كلما أضأتُ لهُ قلبي

تَمَادَى بإطفَائي

ومِن سُوءِ حظِّي أنني كنتُ شاعراً

يُعَكِّرُ صفوَ الليلِ صمتِي وإلقائي

فَلِلَّيلِ آذانٌ،

وللبَوحِ شهوةٌ

بإيضاحِها أَشقى

وأَشقى بإيمَائي

ومِن فرطِ خيباتٍ تَجَرَّعتُ سُمَّها

تَشَابَهَ عندي أصدقائي وأعدائي

فمِن أينَ جئتِ الآنَ؟!

تستَدرِجِينَني

بخِفَّةِ أُنثى لا تُبالي بآرائي

أُسَمِّيكِ حُلماً غامضاً؟!

أم سحابةً تُرَاوِدُ بالماءِ الفُرَاتِيِّ رَمضَائِي؟!

أخافُ عليكِ الحُزنَ،

والحُزنُ خِنجَرٌ تغَلغَلَ في روحِي

ومَزَّقَ أحشَائِي

وليسَ مَعي قلبٌ لِمَعنَاكِ لائقٌ..

تقُولِينَ:

بعضُ الحبِّ كافٍ لإرضَائِي

إلَيَّ.. إلى قلبي هَلُمَّ
فإنَّما خُلقتُ لكي تَأوي إلى حضنِ أفيَائي

أنا الدَّهشَةُ العذرَاءُ في كلِّ فكرةٍ
ستنسُجُها شِعراً يَليقُ بإيحائي

أحِبكَ درويشاً حزيناً
وشاعراً تُخَاصِمُهُ الدنيا
ويُرضِيهِ إصغائي

هو الحُبُّ

لا أحتاجُ إلَّاهُ غايةً

هو الحُبُّ مِعرَاجِي إليك وإسرَائِي

هو الحُبُّ سِرُّ اللهِ فِينا

فكُلَّمَا لَمَسنَاهُ أشرَقْنا

وسِرْنَا على الماءِ.

حُدَاءُ السَّائرين إليه

(وطني لو شُغِلتُ بالخُلدِ عنْه
نازعتني إليه في الخُلدِ نَفسي)

أحمد شوقي

خُذِني

إلى المَكنونِ في أعمَاقِكْ

إنِّي سَئِمتُ الرَّكضَ في أحدَاقِكْ

وَسَئِمتُ

ثُمَّ سَئِمتُ

من هَذَا التَّسَكُّعِ

والتَّأَرجُحِ في مَدَى آفَاقِكْ

يَا أَيُّهَا المَخبُوءُ بَينَ جَوانِحِي

إنِّي نَذَرتُ العُمرَ لاستِحقَاقِكْ

خُذِني إليكَ،

إلى أَقَاصِيكَ

التي مَا مَسَّهَا المَاضُونَ مِن عُشَّاقِكْ

«ما لي سوى رُوحِي...»

وَمُذ أَعطَيتُهَا إيَّاكَ،

لَم تَعطِف عَلى مُشتَاقِكْ

بِئَرِي مُعَطَّلَةٌ،

وَمَاؤُكَ دَافِقٌ

وَمَعَارِجِي مَرهُونَةٌ بِبُرَاقِكْ

عَطَشٌ يُسَافِرُ بي إليكَ،

وَحيرَةٌ

تَمتَدُّ مِن حَمَئي

إلى إغدَاقِكْ

وَتَعُودُ خَالِيَةَ الوِفَاضِ

قَصَائِدي المُزجَاةُ للتَّجدِيفِ

فِي أورَاقِكْ

عُتْبَاكَ،

إنَّ قَوافِلِي تَعِبَتْ،

وَمَا لَاحَت بِشَارَاتُ ابيضَاضِ عِنَاقِكْ

نَادَيتُ،

كَم نَادَيتُ بِاسمِكَ،

لَم يُجِب

إلا الصَّدَى المَوجُوعُ باستِنطَاقِكْ

والسَّائِرُونَ مَعِي إليكَ

عُيُونُهُم مُبتَلَّةٌ

تَوقاً إلى إشرَاقِكْ

نَهوَاكَ

بَدراً مُترَعاً بِكَمَالِهِ

وَيطُولُ ليلُ شِتَاتِنا

وَمَحَاقِكْ

يَا أَيُّهَا الحلمُ المُحَاصَرُ بِالأَسَى

إنَّا هَرِمنَا

فِي احتِمَالِ وِثَاقِكْ

الآنَ جِئنَا

كَافِرِينَ بِصبرِنَا

وَبِجُوعِنَا المَسفُوحِ في أَسوَاقِكْ

جِئنَاكَ

من كُلِّ المَفازَاتِ التي

سِئِمَت من التَّسوِيفِ في إبرَاقِكْ

من شَهقَةِ الغَرَقِ الأخِيرَةِ

في رُؤَى رِئَةٍ

تُفَكِّرُ بعدُ باستِنشَاقِكْ

جِئْنَاكَ

مِن (عامِ الرَّمَادَةِ)

نَغتَلِي غَضَباً

على المَسرُوقِ مِن أطبَاقِكْ

هَذَا أَوَانُ الانتِقَامِ،

فَسُلَّنَا سَيفاً،

وَسَلَّطنَا عَلى سُرَّاقِكْ.

ما لم يَقُلهُ المُوَدِّع

إلى أبي، وقد أقعَدَهُ المَرضُ
فلَم يُوَدِّعْني واقِفاً كَعَادَته

أنَا الآنَ وحدِي،

و(صَنعَاءُ) أوحشُ مِن غَابَةٍ فِي الخَيالِ،

وأَضْيقُ مِمَّا يطيقُ صبيُّ الجِبَالِ،

بها الليلُ يبدو «بَطِيءَ الكَوَاكِبِ»

لا رُوحَ فيهِ،

ولا نجمَةٌ في الأَعَالِي تَلوحُ

فَيَا صُبحَنَا الأزَلِيَّ الذي فِي البعيدِ:

أضِىئ عَتَمَةً أرهقت روحَ طفلِكَ،

أشعل لَه قَمَراً مِن يَدَيكَ،

ورَبِّتْ على كتفيهِ لكَي يَطمَئِنَّ،

فإنَّ كوابيسَهُ لا تنامُ

وإنَّ المَسَافاتِ تنمو أمام خُطاهُ التي أنهكتها الدروبُ،

وأثقلَها تعبُ اللاوصول

تَعِبتُ ولم تبلغ سِوَى اليَأسِ ذروَةُ

ولا وصَلَت إلَّا إلى التيهِ خُطوَةُ

تَعِبتُ من الليلِ الذي لم يُضِئ به

شِهابٌ، ولا أَجْدَت مع النَّفسِ خُلوَةُ

تعبتُ من الفَجرِ الذي في انتِظَارِهِ

أطَاحَت بـ(فيرُوزٍ) الصَّبَاحَاتِ غنوَةُ

تَعِبتُ، وَسَارَت بي إِلَى كُلِّ غُربَةٍ

بلادٌ يُعَرِّي حُلمَها البِكرَ إخوَةُ

فإنْ سَلِمَت رُؤيَايَ من كَيدِ إخوَتي

فمِن أينَ لِي – في الجُبِّ – تِلكَ النُّبوَّةُ؟!

وَمِن أَينَ تَهمِي عَلى الطفلِ أُغنيَةٌ

كي ينامَ على إثرِها مُطمئناً

وهذا العُوَاءُ يُحاصِرُهُ،

والظلامُ يبدِّدُ ضوءَ مصابيحِهِ الشاحباتِ،

ويصلبُه في مهبِّ الكوابيسِ

والأرقِ المستفزِّ..

وأنتَ على بُعدِ عُمرينِ منهُ

تُصارعُ وعكتَك العارضةُ

ولستَ هنا

كي تُغني لهُ،

وتُعيدَ لأحلامِه دفءَ لذَّتِها الغَامِضةْ

فلُحْ من هُناك،

وهُزَّ بِجِذعِ المَسَافَاتِ،

تُسقِطْ عَلى غربتي وطناً وأغانيَ،

رَتِّلْ على مَسمَعِي ما تيسرَ مِن سُورَةِ الصَّبرِ

يا آيةً الصبرِ والاصطبارِ

أعرني اصطبارَك

أَحُدُ به في الدُروبِ خُطايَ،

وهَبْني مِن الحِكمَةِ الأَبَوِيَّةِ

مُغتَسَلاً بارداً وشَرَاباً يُذِيبُ لَهيبَ الحَنَايَا،

«وَأَلْقِ عَصَاكَ...»

على مَا اقترفتُ من اليأسِ

هُشَّ بها لَمَماً حصدته يَدَايَ

وما ارتكبت

ـ يا أبي ـ

مِن خَطَايَا

وسِرْ بي إلى سِدرَةِ الشِّعرِ،

حَيثُ الحُروفُ التي تَستَحِقُّ الخُلودَ،

وَحيثُ المَعاني التي لم يَصِلهَا سِوايَ:

تَمَرَّدْ على السِّتينَ، كَسِّرْ نِصَالَهَا

وَعُدْ غَيمَةً بيضَاءَ، أَمشِي خِلَالَهَا

أَيَا لُغَةً أعلَى مِن الشِّعرِ والرُّؤى

أَتَتْكَ حروفُ الطِّفلِ تَرجُو اكتِمَالَهَا

أَتَتْكَ، فَعَلِّمهَا الكِتَابَةَ ثَانِياً،

فَقد نَسِيَتْ فِي زَحمَةِ العُمرِ حَالَهَا.

قَافِلَةُ المَجرُوحِ بِالرَّمل

(هَل أَخطَأتُ طَريقي حين
اخترتُ الحَرفَ فضَاءً وجَناحاً؟)
عبدالعزيز المَقَالِح

تَوقاً إلى شَجَرٍ

أَدنَى مِنَ الظِّلِّ

تَسِيرُ قَافِلَةُ المَجرُوحِ بالرَّملِ

مُذ عَمَّدَتهُ عُذوقُ الشِّعرِ

وَهوَ عَلَى نَوافِذِ الرِّيحِ

يَتلُو سُورَةَ النَّخلِ

مَاءٌ يَحِنُّ إلَى مَاءٍ

يُثَذِّبُهُ مِنَ الرُّكُودِ،

ومِن صَيرُورَةِ الوَحلِ

وَقَطرَةً،

قَطرَةً

تَهمي مَوَاجِعُهُ عَلَى رؤاهُ،

وَيَبدُو غَيرَ مُبتَلٍّ

«أُريدُ مِن زَمَني...»

لِليَومِ تَقذِفُني أَصدَاؤُهَا

فِي ضَبَابِ اللحظَةِ الضَّحْلِ

حَظِّي مِنَ الفِكرةِ العَذرَاءِ

ليسَ سِوى

حَظُّ البَعيدَينِ مِن إيمَاءَةِ الوَصلِ

لا بُدَّ أَن تَكسِري المَألُوفَ

يا لُغَتِي

وَتَهجُري قَاعَهُ؛

فَالقَاعُ للنَّملِ

وَيَكسِرَ المَارِدُ المخَبُوءُ قُمقُمَهُ

لَيَخلُقَ الفِكرَةَ
الأَنأَى عَنِ المِثلِ

لا وَقتَ لِلرَّكضِ
خَلفَ اللاهِثِينَ
على شَهدِ المَجَازِ المُصَفَّى فِي يَدِ النَّحلِ

أَنَا الحَقِيقِيُّ،
لا أَحتَاجُ غيرَ فَمِي
وَلَستُ ظِلّاً لِغَيرِي،
إِنَّنِي ظِلِّي

«طرَوَادَةَ الشِّعرِ»

إنِّي جِئتُ مِن عَطَشِ الآمَادِ،

فَاحتَضِنِي مَعنَايَ بِالوَبلِ

تَغرِيبَةُ الوَطَنِ المَجرُوحِ مِلءُ فَمِي

وَمِلءُ قَلبِي

أَنِينُ الجُوعِ والثُّكلِ

سَبعٌ عِجَافٌ
وتَحكِي إخوةً،
وَرُؤىً،
ونِسوَةً،
وَصُوَاعاً ليسَ فِي رَحلِي

وأنتِ غيمةُ حُبٍّ، ماؤها غَدِقٌ
وَفِي يَدَيَّ قَلَيلُ السِّدرِ والأَثلِ

أَنَا المُمَزَّقُ مُنذُ «السَّدِّ»

سَيِّدَتِي

وأنتِ آخِرُ مَا فِي العُمرِ مِن فَألِ

غَداً

سَتُشرِقُ شَمسُ الحُبِّ مِن دَمِنَا

وتَنضُجُ الذُّرَةُ السَّمرَاءُ

فِي الحَقلِ.

من وحي تلك القُرَى

(حيثما رمتني الأقدار، أشعرُ دائماً
أي أمثّلُ تلك القرية التي تعلمتُ
فيها أن أُسرِجَ حصاني)

رسول حمزاتوف

القَريبُونَ من سَمَاوَاتِ (بَابِلْ)

عَلَّمَتهُم سِرَّ الحَيَاةِ السَّنَابِلْ

فَالمَوَاويلُ

ما تَقُولُ المَرَاعِي

وَالكَمَنجَاتُ فِي حُدُوسِ المَنَاجِلْ

عُنفُوَانُ الحُقُولِ

يَقطُرُ شِعراً مُستَحِيلاً،

تَضِيقُ عَنهُ المَحَافِلْ

كُلَّمَا أَفزَعَ الكُرومَ جَفَافٌ

طَرَقُوا غَيمَةً،

وجَاؤوا بِوَابِلْ

عَبَقُ الطِّينِ طِيبُهُم،

فَتَرَاهُم يَستَثِيرُونَ عِطرَهُ بِالمَعَاوِلْ

وإذَا رَاوَدَ النَّوَافِذَ ضَيفٌ

رَقَصَت قَهوَةٌ،

وَغَنَّت تَوابِلْ

يَستَميتُونَ طِيبَةً وَسَخَاءً

كُلَّمَا أَقتَرَ الزَّمَانُ المُخَاتِلْ

قَبلَ هذا الضَّجِيجِ،

كَانوا سُكُوناً

وَفَضَاءً تُضِيءُ فِيهِ الفَضَائِلْ

لَم يُجِيبُوا نِدَاءَ (قَابِيلَ)،

غَضُّوا عَنهُ طَرفاً،

وَرَدَّدُوا: لا تُحَاوِلْ

قَلبُ (هَابِيلَ)

– مُنذُ مَرَّ (غُرَابٌ) –

بَينَ أَضلَاعِهم إلى اليَومِ مَاثِلْ

عَاطِفِيُّونَ،

غَمزَةُ البِنتِ تَكفِي

كي يَسِيلَ الجُنُونُ في قَلبِ عَاقِل

كُلَّمَا لَوَّحَت (سُعَادُ) الأَمَانِي

أو أشَارَت إلى المَدَى بِالأَنَامِلْ

خَرَّ سَقفُ السُّكُونِ فِي قَلبِ (كَعبٍ)
فَامتَطَى صَهوَةَ الغَرَامِ المُنَاضِلْ

بَسمَةً..
بَسمَةً..
وَيَخضَرُّ حُلمٌ
فَيُدَارُونَ جَمرَهُ بِالرَّسَائِلْ

إذ يُحِبُّونَ
يُسكِرُونَ المَرَايَا بِالحَكَايَا،
وَيُخجِلُونَ البَلابِلْ

وَانتِظَاراً يُدَوِّخُونَ اللَّيالي

وَيَغُوصُونَ فِي دُوَارٍ مُمَاثِلْ

قَد يَمُرُّونَ بِالمَعَانِي خِفَافاً

إِنَّمَا توقُّهُم لَهَا غُيرُ زَائِلْ

يَحفَظُونَ الحَيَاةَ

عَن ظَهرِ قَلبٍ

مُنذُ كَانوا عَلى الحَيَاةِ الأَوَائِلْ

قَبلَ زَيفِ الزُّجَاجِ والقَارِ،

جَاؤوا

عَالَماً بِالحَضَارَةِ البِكرِ حَافِلْ

فِي التِمَاعِ الغِلالِ

شَعُّوا نُبُوغاً

فِي رَبِيعِ المَجَازِ

طَارُوا عَنَادِلْ

وإلى الكَأسِ

فِي خَيَالِ الدَّوَالِي

أرسَلُوا هُدهُدَ الحَنَايَا يُسَائِلْ

لا يَزِلُّونَ،

والدُّرُوبُ انحِدَارٌ،

مُذ أَفَاقُوا على انسِيَابِ الجَدَاوِلْ

لا يَهَابُونَ،
والطَّريقُ صُعُودٌ،
مُذ تَبَاروا على اقتِفَاءِ الأَيَائِلْ

فِي سَمَاوَاتِهِم تَأَلَّقَ يوماً
شَاعِرٌ عُنفُوانُهُ غَيرُ آفِلْ

يَكسِرُ الهَامِشَ القَرِيبَ،
ويَرقَى بِالمجَازَاتِ
نَحوَ أسمَى المَنازِلْ

بَينَهُ والنَّقِيضِ من كُلِّ شَيءٍ
صُحبةٌ لَيسَ تَعتَرِيهَا الغَوَائِلْ

هَا هُمُ الآنَ
يَغرِسُونَ الأَغَانِي فِي خَيَالِي،
ويَعزِفُونَ المَشَاتِلْ

هَأَنَا مَائِلٌ إِلَيهِم،
وَهَا هُم
بَين جَنبَيَّ عَالَمٌ غَيرُ مَائِلْ.

ظِلالُ اليَاسَمين

إلى المرأة، في يومها العالمي

مِن غُبَارِ الوَقتِ،

مِن رَملِ السِّنِين

لَملِمِينا يا ظِلالَ الياسَمين

واجمَعِي أحلامَنا

من كُلِّ دَربٍ مشَينَا فِيهِ،

عُدنَا خَائِبِين

نَذَرَت أَعمَارَنَا للرِّيح

أوطَانُنَا المُلقَاةُ فِي البِئرِ/ الكَمِين

واستَدَارَت جِهَةَ الشَّكِّ قَوَافِلُنَا

مُذ أَصبَحَ الشَّكُّ اليَقِين

نَحنُ في المنفَى

وُجُومٌ وَاضِحٌ

خَلفَهُ تَخفَى احتِدَامَاتُ الأَنِين

غُنوَةٌ في صُبحِ (فيروز) انطَفَت

دَمعَةٌ في ليلِ (صَنعَاءَ) الحَزِين

مِن «قِفَا نَبكِ»

إلى «رِيمٌ عَلى...»

لَم نَزَل فِي كُلِّ مَبكىً واقِفين

نَحنُ

ـ لَو تَدرِينَ ـ

يَا مُبتلَّةً بالنَّدَى النِّيلِيِّ:

كُلُّ الظَّامِئين

فِي انحِدَاراتِ الأسَى نَجري دَماً

لَا يُطِيقُ الرَّكضَ فِي ضيقِ الوَتِين

نَكْتُبُ الخَيبَاتِ،

نَشدُو للصَّدَى،

نَقتُلُ (الزَّرقَاءَ) حِيناً بَعدَ حِين

نَرتَدِي أسمَاءَنَا،

نَجتَازُها

نَمتَطِي وَهمَ الأَمَانِي تَائِهِين

بَيتُنَا الأرضِيُّ هَذا

لم يَعُد صَالِحاً إلا لغَيرِ الصَّالحِين

مِلَّةُ (العِجلِ) استَعادَت وجهَهَا

وارتَدَت ثَوبَ «الصِّراطِ المُستَبِين»

والحَوارِيُّونَ مَصلُوبُونَ في

نَخلَةِ المَعنَى اليَسُوعِيِّ السَّجِين

إنَّما، يا أنتِ،

يَكفِي أَنَّنَا

لَم تَكُن إلا إلَينَا مُنتَمِين

نَحنُ في القَامُوسِ أَسرَارٌ

وفي الهَامِشِيِّ الرَّثِّ

معنَاهُ الدَّفِين

رَشَّحَتنَا للبِدَايَاتِ الرُّؤَى

واصطَفَانَا للنِّهَايَاتِ الحَنِين

فانتُرِينَا فِي حِرَاءَاتِ الدَّرَاوِيشِ،

في جِلدِ العُرَاةِ المُعدِمِين

أوقِدينَا،

في مَدَارَاتِ المَجَازَاتِ،

أقمَاراً لليلِ السَّاهِرِين

واصلُبِينَا في تَلابِيبِ الدُّجَى

واغرسِينا في طَريقِ المُدلِجِين

ألهِمِينَا الحُبَّ

يَا وَلَّادَةً أنبِيَاءَ الحبِّ

إنَّ الحُبَّ دِين.

قَطرَتَان من بحرِها

(وَأدركَ أنَّها الامتداد الطبيعي لوجوده،
وأنها هي التي تعطيه إحساسَهُ بنفسِه
وبموضعِهِ في نِظامِ الأشياءِ)
الطَّيّب صالح

قطرةٌ أولى:

عَينَاكِ!

أمْ تَعويذَتَا سِحرِ؟

وَيَدَاكِ!

أمْ قِنّينَتَا خَمرٍ؟!

مَن أنتِ؟

ما مَعنَاكِ؟

يا امرَأةً تَجتاحُني بدَلالِها المُغرِي

مِن أيِّ عَصرٍ تَبزُغِينَ عَلى

إنسانِيَ المَنذورِ لِلخُسرِ؟

وَبِأيِّ عِشقٍ تُسكِرِينَ دَمِي

وَتُدَغْدِغِينَ الطِّفلَ

في صَدرِي؟!

يَا دَهشَةً

مَرَّت لِتَعصِفَ بي

وَتَغُوصَ حَتَّى مُنتَهَى سِرِّي

وَادِيكِ هذَا القَلبُ،

فَانغَرِسِي فِي طِينِهِ المَوجُوعِ،

وَاخْضَرِّي

باسمِ الجُنُونِ المَحضِ،

سَيِّدَتِي

امتَدِّي إلى المَكْنُونِ مِن قَهرِي

واسَّاقَطِي مَطَراً

على ظَمَئِي لِبُلوغِ مَاءِ الدَّهشَةِ البِكْرِ

هَأَنتِ طَازِجَةٌ كَسُنبُلَةٍ
وأَنِيقَةٌ كَزُجَاجَةِ العطرِ

وأَنَا أُفَكِّرُ،
أيُّ مُعجِزَةٍ
نَزَلَتْ عَليَّ كَلَيلَةِ القَدرِ؟!

فَضَعِي يَدَيكِ عَلَى مُخَيِّلَتِي
لأَرَى انبِجَاسَ المَاءِ فِي الصَّخرِ

وَتَرَاقَصِي كَالمَوجِ فِي رِئَتِي

وتَمَايَلِي كَالرِّيحِ فِي بَحرِي

فِي الحُبِّ مُتَّسَعٌ

لِنُفرِحَنَا

وَنخُونَ هَذا الوَاقِعَ المُزرِي

قَطرَةٌ أَخيرة:

جَرِّبِي الآنَ أَن تَخُوضِي التَّحدِّي

واسكُبِي الحُزنَ

قُبلَةً فوقَ خَدِّي

أفرِغِي الليلَ كُلَّهُ في وريدِي

ثم نامِي،

وسوف أسهرُ وحدي

قَبلَ عينيْكِ

كُنتُ كَومَةَ شَوكٍ

خَلَّفَتهَا عُيونُ لُبنَى وَهِندِ

الجَميلَاتُ كُلُّهُنَّ قَتَادٌ

إنما أنتِ،

أنتِ بَاقَةُ وَردِ

قبلَ عينيْكِ،

لمْ تكُن لي بِلادٌ،

بَعدَ عَينَيْكِ،

صَارَ منفَايَ بُعدِي

قبلَ عينيْكِ،

كنتُ معنىً خَفِيّاً

يَتَلاشَى على خُطَى (النَّقْشَبَندِي)

غَارِقاً في الذُّهُولِ وَجهُ الأَمَانِي

تَائهاً في غَيَاهِبِ العُمرِ قَصدِي

فَادخُلي القَلبَ مِن مَقَامِ التَّجَلِّي

يخرُج الشِّعرُ مِن مَسَامَاتِ جِلدِي

وانثُرِينِي عَلَى الغِيَابِ شَظَايَا

ثُمَّ نَادِي عَلَيَّ،

يَأتِيكِ حَشدِي

قَبلَ عينيْكِ لم أكُنْ أيَّ شَيءٍ

وَأَنَا الآنَ مُفرَدٌ

غيرُ فَردِ.

رحلةٌ أخيرةٌ لـ«جَوَّاب العصور»

(أنا ابنُ من ولدوا سِرّاً وكي يثقوا
ماتوا وما شهقوا كالناسِ أو سعلوا)

عبدالله البردوني

إلى أن يَبلُغَ المَعنَى مَحِلَّهْ

أُسَافِرُ في مُخَيِّلَةِ الأهِلَّهْ

«عَلى قَلَقٍ، كَأنَّ الرِّيحَ تَحتِي»

أرُوحُ فَرَاشَةً،

وَأَعُودُ نَحلَهْ

وَأنسُجُ للغَدِ الأنقَى بِلَاداً

سِوى هَذِي البِلادِ المُضمَحِلَّهْ

مِنَ المَاءِ انبَجَستُ، فَكُنتُ نهراً

وفِي الرَّملِ انغَرَستُ، فَكُنتُ نَخلَةٌ

ومِن أقصَى الغِيَابِ أتيتُ وحدِي

فَكُنتُ، على انفِرَادِي بِي، جِبِلَّةٌ

وَحِيداً،

عَارِياً مِن كُلِّ خَوفٍ

نَبِيّاً،

شَارِباً مِن كُلِّ مِلَّةٌ

أنَا هَذَا الحَدَاثِيُّ الحَكَايَا

نَوَافِذُهُ عَلَى غَدِهِ مُطِلَّةٌ

يَخيطُ قَمِيصَهُ مِن كُلِّ صُبحٍ

ويَخصِفُ مِن بَقَايَا الليلِ نَعلَهْ

وَمِن سَفَرٍ إلى سَفَرٍ يُوَلِّي

وَيَدخُلُ رِحلَةً

مِن صَدرِ رِحلَةْ

- إلى أينَ؟!

- النِّهَايَاتُ احتِمَالٌ،

وَلَكِنَّ البِدَايَةَ غيرُ سَهْلَةْ

- ومِن أينَ ابتَدَأتَ؟!

- مِن انشِغَالِي بِما لا أنتَوي أن أَستَهِلَّهْ

- مِن المَاضِي؟!

- مَرَرتُ بِهِ كَرِيْماً،

وَلَم أَحفَظْ مَرَاثِيهِ المُمِلَّةُ

- مِن الماءِ؟!

- انْغَمَستُ بِهِ صَغِيراً،

فَأصبَحَ وَالِدِي

مُذ كُنتُ طِفلَهْ

- تَحِنُّ إليهِ!

- تَحمِلُهُ عُروقِي دَماً،

وَعَلَى جَبِيني مِنهُ ثُلَّةٌ

- إلى مَاذا تَحِنُّ إذن؟!

- خلاصِي مِن اللُّغزِ الَّذي لَم ألقَ حَلَّهْ

- وَمَا اللُّغزُ؟!

- الحَيَاةُ بِلا حَنينٍ إلى غصنٍ

غداً سَيَخُونُ ظِلَّهْ

أَحِنُّ

إلى مَشهدٍ في الخَيالِ،

يُطِلُّ على الشَّمسِ وَهْيَ تُدَلِّي جَدَائِلَهَا الذَّهَبِيَّة فِي المَاءِ عندَ الأصيلِ،

إلى سمرٍ هادئٍ في القرى الحالماتِ

إلى لُغَةٍ لَم تَطَأَهَا خُيولُ أبي الطَّيِّبِ المُتَنَبِّي،

إلى امرَأةٍ

لا تَمُرُّ على القلبِ إلا وَأورَقَ مِن خَطوِهَا المُستَحِيلُ

إِلى وَطَنٍ عَامِرٍ بِالضِّيَاءِ،

عَصِيٍّ عَلى المَوتِ والانحِنَاءِ،

يَحِيطُ بِهِ الحُبُّ مِن كُلِّ فَجٍّ،

وَتَحمِيهِ أَدعِيَةُ الأُمَّهَاتِ،

صَبَايَاهُ يُبدِعنَ فِي الحُبِّ،

لا فِي الحِدَادِ

وَأَطفَالُـهُ يَلعَبُونَ الأَرَاجِيحَ فيهِ بِلا قَلَقٍ مِن شَـظَايَا انفِجَارٍ

مُحَتَّم

أَحِنُّ إِلَيَّ،

إِلى ما تَسَاقَطَ،

فِي شَارِعِ العُمرِ،

مِنِّي،

إِلى ما أُرِيدُ،

ومَا لا أُرِيدُ،

فَما زَالَ فِي الوَقتِ مُتَّسَعٌ لِلغِناءِ،

ومَا زَالَ فِي اللَّيلِ مُتَّسَعٌ لِلحَنِينِ،

ومَا زَالَ

فِي القَلبِ

بَعضُ القصائدِ... لا تَكتَمِل.

بين الوجودِ والعَدَم

(السائرون في الظلام، وحدهم يعرفون
قيمة النجوم الصغيرة البعيدة في الأفق)
قاسم حداد

الآن..

مِن عَدَمٍ أُطِلُّ على عَدَمْ

أُصغي إلى جُرحي،

وأُنصِتُ للأَلَمْ

لَم يُدرِكِ العَرَّافُ سِرَّ نُبُوءَتي

فَرَمَى فَنَاجِينَ الخُرَافةِ

وابتَسَمْ

وَحدِي أُحَدِّقُ في الفَرَاغِ،

وأحتَسي أنخَابَ مَن أكَلُوا الأصَابعَ

من نَدَمْ

145

أمشي عَلى قَلَقٍ

أقلَّ إثارةً مما أُريدُ،

وأنشُدُ القَلَقَ الأَتَمّ

لا بَاب أَلمَحُهُ هُنَاكَ،

فَمَا الَّذي

– يا رِيحُ –

فِي أُذنِي يَصِرُّ سِوى العَدَمْ؟!

يَا أُمَّ مُوسَايَ:

البِحَارُ كثيرَةٌ

فِي أَيِّ يَمٍّ سَوفَ أُلقَى؟!

أَيِّ يَم؟!

أحتَاجُ أَنْ أبكِي،

لأنِّي خائفٌ

وَأَخَافُ يَفضَحُنِي البُكَاءُ المُتَّهَم

– نَمْ يا بُنَيَّ

– البَرْدُ يُفرِغُ في دَمي نِيرانَهُ،

ويُذيبُني لَحماً بدَمْ

والليلُ مِن كُلِّ الجِهَاتِ مُحَاصَرٌ

وَعُيونُ (فِرعَونَ) الخَبيثةُ

لَم تَنَمْ

وَوَراءَ هَذَا الليلِ

قَصرٌ غَارقٌ في الدِّفْءِ،

دونَ العَالَمِينَ، وفِي التَّخَمْ

وَوَرَاءَ هَذَا الليلِ

صَوتُ أُمُومَةٍ:

«لا تَقْتُلُوهُ عَسَى...»

وبَعضُ عَسَى نَعَمْ

وَوَرَاءَ هَذَا الليلِ قَائِلَتانِ:

«لا نَسقِي...»،

وَرَبُّ البيتِ أَقعَدَهُ الهَرَمْ

وَوَرَاءَ هَذَا الليلِ لَيلٌ آخرٌ

«...آنَستُ نَاراً..»

فَامكُثِي يا بِنتَ عَمّ

الآنَ...

يُقلِقُني بَقَائِي عَالِقاً

بَينَ اندِفَاعِي فِي الغِوَايَةِ

والسَّأْم

لَم أشكُ جُرحاً فِيَّ،

قُلتُ لَهُ: اتَّئِذْ

لَكِنَّهُ خَانَ الوَصِيَّةَ والتَّأْم

وَأَرَدتُ أَن أَبدو بِخَيرٍ،

ثُمَّ لَم...

اللهُ مَا أَقسَى وَأوجَعَ ثُمَّ لَمْ!!

يَا أَنتِ،

يا أُولَى هَزَائِمِ شَاعِرٍ

مَاذَا سَيَكتُبُ عَنكِ

مَن فِيكِ انهَزَمْ؟

مَا قُلتُ لِلمَعنَى:

هَلُمَّ إِلَى فَمِي

إِلَّا وَأرجَعَنِي إِلَى صَمتٍ أَصَمّ

هَا إِنَّنِي،

واللِيلُ حَولِي قاتِمٌ،

واللَّيلُ أوحَشُ ما يَكُونُ إذَا قَتَمْ

لِلسَّائِرِينَ إلَى النَّهَارِ

أزُفُّنِي شَمساً،

وأحمِلُنِي لِخَطوَتِهمْ قَدَمْ

لِلأزرَقِ المُمتَدِّ فِي أعمَاقِهِم

أمتَدُّ أغنِيَةً،

وَأَفرِشُنِي نَغَمْ

وَأُعِيدُ تَعريفَ الحَياةِ

بِصِيغَةٍ تَجلُو الغُمُوضَ،

وتَرفَعُ المَعنَى الأَعَمُّ

لا بُدَّ مِن وَطَنٍ يَليقُ بِصَبرِنَا

هَذا المُهِمُّ

- مِنَ الحِكَايةِ -

والأَهَمُّ.

عن امرَأَةٍ لا أحبها

مريد البرغوثي

عَنِ امرَأَةٍ

حُلوَةٍ كَالسَّكَاكِرِ

وَمَجنُونَةٍ

كَخَيَالَاتِ شَاعِرٍ

وَجَامِحَةٍ

كَوُعُولِ الجِبال

وَهَادِئَةٍ

كَبَيَاضِ الدَّفَاتِرِ

تُؤَرجِحُنِي بَينَ «غَمَّازَتَيها»

وَتَصلبُنِي فِي سَوَادِ الضَّفَائِر

وَتَجمَعُنِي مِن غُبَارِ المَنَافِي

تُلَملِمُنِي مِن دُخَانِ السَّجَائِر

وَجُرحاً...

فَجُرحاً..

تُضَمِّدُ قُلِبي

لأَنَّ اللوَاتِي عَرفتُ خَنَاجِر

عَنِ الوَردِ،
يَنمُو عَلى وَجنَتَيهَا
إذا اختَنَقَت بالحُروفِ المَشَاعِر

مَزيجاً
مِنَ الخَجَلِ المَاضَويِّ،
وَمِن عُنفُوانِ الوُضُوحِ المُعَاصِر

عَنِ الضِّحكَةِ
ـ المُنتَقَاةِ بِرِفقٍ ـ
تَزيدُ جَمَالاً إذا ما تُحَاذِر

وَعَن أَمَلٍ

مُوغِلٍ في التَّرَقُّبِ

عن رَجفَةٍ في طِلاءِ الأظَافِر

وعَن فتنةٍ

مِن أَقَاصِي الجَمالِ تُلَوِّحُ لِي

وَإِلَيهَا أُسَافِر

يُخَوِّفُنِي صَمتُها النَّرجَسِيُّ،

وَيَهتِفُ بِي قَلبُهَا:

فَلنُغَامِر

وَمَا بينَ رَملِ الشَّوَاطِئ والبحرِ

تَحلُو احتِمَالَاتُ صَيدِ الجَوَاهِر

أُسَافِرُ،

لا أَستَطِيعُ الوُصُولَ،

لأنَّ الوُصُولَ فَنَاءُ المُسَافِر.

على هامشِ الزَّمنِ الفَوضوي

تشيخُ القصيدةُ

عاماً

فَعَاما

ولم تبلغِ الأُمنياتُ الفِطَامَا

وفِي كُلِّ ليلٍ

طويلِ الحنينِ

نُهَدهِدُ أوجاعَنا

كي تَنَامَا

ونسكرُ بالخَوفِ والانكسارِ

وأحزانُنا كأسُنا

والندامَى

نُغَنّي

فَتَنطَفِئُ الأُغنياتُ

ويَخنُقُ ملحُ الدُّموعِ الكَلامَا

ويَسحَقُنا الزمنُ الفَوضويُّ

كَأنَّا خُلِقنَا لهذا لِزَاما

نُعَلِّقُ في الريحِ

أحلا

ونَنصُب في كلِّ منفىً خِيَامَا

وَنُطرَدُ من كلِّ أفقٍ فَسيحٍ

وفي كلِّ ضيقٍ

نزيدُ ازدحاما

إلى بَابِ كِسرَى

نَشُدُّ الرِّكَابَ

وعندَ هِرَقلَ

نُطِيلُ القِيَامَا

وأوطَانُنَا

بينَ هذا وذَاكَ

تُـلَاكُ لُحُوماً

وتُرمَى عِظَاما

- إلى أينَ يا سِكَّةَ اللاوصولِ؟!

- لقد وَصَلَ الذَّاهِبُونَ القُدَامى

- متى فعلُوا؟

- منذُ أن أيقَنُوا

بأنَّ لِكُلِّ ابتِدَاءٍ خِتَاما

- فَمَا بالُنَا نحنُ؟!

- لم تُؤمِنوا

- بماذا؟

- بما تَطلبونَ تَمَاما

- إذن سوفَ نَمضِي

- خُذُوا حِذرَكُم،

ومُرُّوا على كُلِّ لَغوٍ كِرَاما

بِرَبِّكَ يا صَبرَنا المُستَفيضَ

أَمَا آنَ

أَن تتلظَّى احتِدَاما؟!

أمَّا آنَ

أنْ نَضبطَ الاتِّجَاه

ونجعلَ كُلَّ الجِهَاتِ أَمَامَا

وأنْ نستعيرَ انتماءَاتِنا

من الصَّخرِ

لا أنْ نسيلَ هُلَاما

غداً

سوف نخرُجُ

عن صمتِنا

وننفضُ عن كاهِلَيهِ الظّلاما

سيَصحُو امرِئُ القيسِ

مِن غَيِّهِ

ولن يَقرَبَ الكَأسَ

إلا لِمَاما

ولن يرتَدي جُبَّةً

مِن غَريبٍ

لِكَيَلَا تكونَ (القُرُوحُ)

الوِسَامَا

سَنَجتَازُ أخطاءَنَا التَّافِهاتِ

ونَبتَكِرُ المُعجِزاتِ العِظَامَا

وإن حَاصَرَ الجَدبُ أحلامَنَا

سَنَغْرفُ من كلِّ نِيلٍ غَمَاما

غَداً

سوفَ نَخْتَارُ مِيلَادَنَا

وَنَدخُلُ بابَ الحَيَاةِ اقْتِحَاما

نُؤَثِّثُ بالحُبِّ أوطَانَنَا

جَمالاً

ونَحرُسُ فيها السَّلامَا.

رقصةُ النايِ البعيدِ

(لم تَكُن تملكُ إلا طُهـرَها
لم يَكُن يملكُ إلا مبدَأَه)
أمل دنقل

مَرَّت مرورَ المُعجِزاتِ

بدربِهِ

فازدادَ إيماناً بحكمةِ ربِّ

كتبتَهُ في شَفَةِ الخلودِ

قصيدةً قُدسِيَّةً

حملَتهُ خارجَ سِربِهِ

وأَرادَها أنثىً

فكانت جَنَّةً

شَدَّتهُ ــ نحوَ ربيعِها ــ

من قلبِه

هي رقصةُ الناي البعيدِ،
تُمَوسِقُ الأحلامَ
في أقصى غياهِبِ رُعبِهِ

وهو الفتى الصوفيُّ
يتلو سِفرَ عينيها
فتنبُتُ وردةٌ في جَدبِهِ
ولدٌ،
وبنتٌ قاسَمَتهُ شُروقَها
فأتى يُقاسِمها الهوى من غربِهِ

ولدٌ تألّقَ

حين بايعَ قلبَها

ألّا يُشارَكَ غيرَهُ في حُبِّهِ

وصبيةٌ

كسرَت حِجابَ جُنونِها

أو قُل:

بَدَا ما أمعَنت في حجبِهِ

وَلَدٌ

وبنتٌ

والحنينُ

ثلاثةٌ أَلقاهُمُ المنفى الكبيرُ بجُبٍّ

وطنٌ هو المنفى

وما المنفى سِوى

وطنٍ نُخَبِّئُ حُبَّنا عن حربِهِ.

ملامحُ جديدةٌ للعيد

(عيدٌ بأيةِ حالٍ عُدت يا عيدُ؟)

المتنبي

(1)

أهذا هو العيدُ؟!

أقصدُ هذا الذي ينثرُ الملحَ فوق جراحاتنا النازفاتِ،

ويعبث فيما تبقى من الذكرياتِ

التي جمعتنا بأسلافهِ الطيبين

(2)

أهذا هو العيدُ؟!

هذا الذي كان أطفالُ قريتنا لا ينامونَ؛

شوقاً إليهِ،

وحينَ يجيءُ يطيرونَ

ـ مثل الفراشاتِ ـ

في فرحٍ مستطيرٍ،

يطوفون حولَ البيوتِ،

يباهونَ أقرانَهم بالثيابِ الجديدةِ،

أو يجمعونَ الهدايا،

وهم ينشدونَ:

«منَ العايدينَ،

من الفائزينَ»

فما بالُ أطفالِ قريتنا اليومَ لا يفرحونَ

ولا ينشدون؟!

(3)

أهذا هو العيدُ؟!

هذا الذي كانت الفاتناتُ/ الصبايا

ـ إذا جاء ـ

يخرجنَ مثلَ الشموسِ،

يُدَوِّخنَنَا بالعطورِ...

وبينَ ابتساماتِهنَّ،

و«نقشِ الخِضابِ» الذي في الأكُفِّ

يؤرجحنَ أرواحَنا الظامئاتِ إلى الحبِّ،

يُسكِرنَنَا بالجمالِ المُحصَّنِ بالخجلِ القرويِّ المقدَّسِ،

والخوفِ من «همزاتِ الشياطينِ»

أو من عيونِ القبيلَة

وها هُنَّ

يأكُلُهنَّ السَّوادُ،

تُحاصرهنَّ البيوتُ بُجدرانِها الضيقاتِ،

وتُطفئُهنَّ المعاناةُ والانتظارُ،

فيذبُلنَ قبلَ القطافِ،

ويحمِلنَ أحلامَهنَّ البريئةَ مثلَ جبالٍ من الهمِّ،

تقذفُهنَّ الحياةُ بعيداً عن الفرح المُستَحقِّ،

وتغزو التجاعيدُ أرواحَهنَّ التعيسةَ قبل الوجوه

(4)

أهذا هو العيدُ؟!

أحلفُ أني ترجَّلتُ،

طُفتُ أزقةً قريتنا كلَّها باحثاً عنهُ،

لكنني لم أجدْ غيرَ أطيافِ أسلافِهِ،

وحنيناً كبيراً

لعيدٍ قديمٍ.

نعم..

ما تزالُ البيوتُ كعادتِها،

تنثرُ الدفءَ في العابرينَ،

تصافحُهم بالروائحِ،

والأغنياتِ،

ولكنَّ أصحابَها

ـ مثلَ زوارِهَا ـ

مُتعَبونَ.

لقد أكل الزمنُ الفوضوي سعادتَهم كلها،

وأضاعوا الطريقَ إلى فرحةِ العيدِ

فاقتنعوا بابتسامٍ يُواري مَواجِعَهم

والقلوبَ التي يعتريها الذبولُ

(5)

تُرى

ما الذي نستطيعُ القيامَ بهِ

كي تعودَ لهذي البلادِ ابتساماتُها؟!

وتعـودَ ميـاهُ الحيـاةِ إلـى الجريـانِ الحميميِّ فـي نهرِها المنطقيِّ:

- المساجدُ:

للاقترابِ من اللهِ،

لا حشوِ أرواحِنا بالضغائنِ والنَّعراتِ

- المدارسُ:

تُرضعُ أجيَالَنا النورَ،

لا

- الصغارُ:

لِكُرَّاسةِ الرسمِ،

لا الموتِ قبلَ الأوانِ

- الصَّبايا:

لتطريزِ أيامِنا بالسعادةِ والحبِّ،

لا «يتسربلن في سنوات الصِّبا بثيابِ الحدادِ»

- ونحنُ:

لنجعلَ هذي الحياةَ سماءً مُكَلَّلَةً بالأغاني،

يحيطُ بها الحبُّ والخيرُ،

لا لِنُصَيِّرَ أيامَها ساحةً للصراعِ،

ونجعلَ أعمارَنا قشَّةً في مَهبِّ الفتن

(6)

ثُرى

ما الذي نستطيعُ القيامَ بهِ كي يعودَ الوطنْ؟!

احتِيَاجاتٌ لا تنتهي

(تلكَ التي كانَت هَوايَ وَحاجَتي
لَو أَنَّ داراً بِالأَحِبّةِ تُسعِفُ)

أعشى همدان

(1)

أحتاجُ لامرأةٍ

كبيرٌ قلبها

حتى يضمَّ شتاتَ عمري

عمرُها

أحتاجُ لامرأةٍ

تقيمُ بِدَاخِلي

ويُطلُّ في ليلِ القصيدةِ

فجرُها

أحتاجُها أنثىً
تفيضُ محبةً
ليسيلَ في أعماقِ روحي
خمرُها

أحتاجُها كَفّاً
يبددُ دفؤُها خوفي
ويبدعُ أغنياتي سِحرُها

قَرَويةً سمراءَ

تغسلُ في دمي أثوابَها

فيفوحُ مني عطرُها

وبِنيّةِ الفلاحِ

تسقي كفُّها شتلات أحلامي

فيورِقُ خِضرُها

ويعودُ إنساني القديمُ لذاتِه

إن مرَّ في سمعِ اغترابي

ذكرُها

(2)

لا شأنَ لي بِبلادٍ

تُشبِهُ القَبوَ

ولا بهذا الدّمِ الجَاري

بلا جَدوَى

ولا بهذي الحياةِ

الموتُ أجملُ من

هذي التي أورثَتني السّلَّ والرَبوَ

200

ولا بخوفِي عليها

وهي جاحِدَةٌ بِهِ

وماضيةٌ في خبطِها العَشوَا

ولا أفكرُ إلا فيكِ،

يا امرأةً

في حبِّها اشتَبَهَ الشدو والنجوى

أحتاجُكِ الآنَ،

إن القلبَ جائعةٌ دقاتُهُ،

وهواكِ المنُّ والسَّلوى

أحتاجُ عينيكِ:

درويشانِ ما بَرِحَا

يُلقنانِ فؤادي سورةَ الإغوَا

أحتاجُ نهديكِ:

شلَّالَانِ من نَغَمٍ

يُهَذِّبانِ فماً لا يُحسِنُ الشَّدوَ

أحتاجُ ضحكَتَكِ السمراءَ،

تعرُجُ بي

من حَمأةِ الطِّينِ حتى جنَّةِ المَأَوَى

أحتاجُ كفَّيكِ،

أُلقِي فيهما تَعبي

فتُشرِقُ الروحُ من عطرَيهما نَشوَى

أحتاجُ حضنَكِ

أغفو ساعةً فأنا

ـ منذُ افترَقنَا ـ

وجفني لم يذُق غفوَا

أحتاجُكِ الآنَ،

إن العمرَ حامِضةٌ أيامُهُ

دونَ أنثى تشبِهُ الحلوَى

قالوا: لكلِّ كريمٍ هَفوَةٌ

وأنا لولاكِ

كانت حياتي كلُّها هَفَوَا.

النرجَسِيّات

النَّرجَسِيّاتُ هُنَّ النَّرجَسِيّاتُ
قُلُوبُهُنَّ مَرَارَاتٌ مُحَلّاةُ

النَّرجَسِيّاتُ شَكٌّ ليسَ نفهمُهُ
كأنَّهُنَّ «نُقُوشٌ حِميَرِيّاتُ»

يُصبِحنَ أقربَ إذ يَنأينَ عن يدِنَا
وهُنَّ هُنَّ البعيداتُ القريباتُ

يَضَعنَنَا بينَ أقواسِ التساؤُلِ،

هل هُنَّ الحقائقُ؟!

أم هُنَّ المَجَازَاتُ؟!

نمضي إليهنَّ...

نمضي دونَ فائدةٍ

كأنَّهُنَّ دروبٌ دائِريَّاتُ

يا أُمَّهَاتِ العُيونِ الباكياتِ

إذا عاد المساءُ وأضنَتهَا المسافاتُ

نُحِبُّكُنَّ؛

فَمَن أَنتُنَّ؟!

قُلنَ لَنَا

فالشَّكُّ يقتُلُنَا يا نَرجَسِيَّاتُ

عُزُوفُكُنَّ عنِ التكرارِ معجزةٌ

وخطوُكُنَّ على المألوفِ آياتُ

كأنكُنَّ تُلَقِّنَّ النَّهارَ معاني الضوءِ

مِن قبلِ أن تصفو الصَّبَاحَاتُ

وتَنطَفِئنَّ

فتنسى الشمسُ سيرتَها الأولى

وتعبثُ فيها الانكساراتُ

ونحنُ نصبحُ أقوى،

إذ نحدثُكُنَّ عن هزائمِنا يا «مَرِيَمِيَّاتُ»

تعلَمنَ أنَّ اللغاتِ الآن خائفةٌ

من نفسِها،

ومعانيها هَزيلاتُ

فكيف تحملُ عَنَّا ما نُكَابِدُهُ

إلا كما يحمِلُ الأمواتَ أمواتُ

الصمتُ مُتَّسِعٌ جداً لِلَهفَتِنَا

يقولُ ما لا تُطيقُ الأبجديَّاتُ

والأمنياتُ مَنَافِينَا إذا انكَسَرَت

— مثلَ البلادِ —

رُؤَانا الواقِعيَّاتُ

نحنُ الذينَ إذا أبكَتهُمُ امرأةٌ

تَشَبَّثُوا،

وعلى البابِ الكثيراتُ

مُعَلَّقُونَ على رَفِّ الغِيَابِ،

ومِن أرواحِنا قَلَقُ النِّسيَانِ يَقتَاتُ

ويوسُفِيُّونَ

قدَّ الشوقُ أضلعَنا

ولم تُقَطِّع أياديها الزُّلَيخَاتُ

نقولُ للمُقمِراتِ العابراتِ على انطفائِنا:

هل لنا فيكنَّ مِشكَاةٌ؟!

يُجِبنَ:

مَن أنتمُ حتى نُضيءَ لكُم؟!

ــ مواجعٌ في فمِ المنفى مُغنّاةُ

ــ مِن أينَ أنتم؟!

ــ أما فيكُنَّ عاقلةٌ!

نحن الذين أضاعتنا الهُويَّاتُ

نحنُ الَّذِينَ استعارَ الذئبَ إخوتُهُم
وكُلُّ أحلامِهِم في الجُبِّ مُلقَاةُ

‑ وكيفَ جِئتم؟!
‑ على جمرٍ تُرَافِقُنا هذي الجراحُ،
وتَحدُونَا المُعَانَاةُ

تِلكَ البِدَايَاتُ أغرتنا حَلاوَتُها
وخَيَّبَتنَا النِّهَايَاتُ المَرِيرَاتُ
نُحصِي خسائِرَنَا في كُلِّ مُنعطَفٍ
كَأنَّنَا ما لنا إلا الخَسَارَاتُ

وللبِلادِ التي في الحُلمِ فَلسَفَةٌ

كَوَعدِ «عُرقوبَ»
شَكٌّ وانتظَاراتُ

يُقالُ: كانت بلاداً ذاتَ أُغنِيةٍ
ومَزَّقَتها المَرَاثِي الجَاهِليَّاتُ

فالشَّاطِئُ الآنَ مخنوقٌ بِزُرقَتِهِ
كأنَّهُ للهِضابِ السُّمرِ مِرآةُ

لا الماءُ من لُغةِ الصَّحرَاءِ مُقتَبَسٌ

ولا تَردُّ يَبَاسَ الرُّوحِ غَيمَاتُ

ومنذُ ضِعنَا،

وضاعت كلُّ أندَلُسٍ
والنَّرجَسيّاتُ هُنَّ النَّرجَسيّاتُ.

سيرةٌ غيرُ ذاتيةٍ للمنفى

إلى الإنسان اليمني
في المنافي البعيدة

كَبِرُوا

وما انتَظَروا رَبِيعَ حَياتِهم

وتَشَبَّثُوا بِالحُلمِ

طَوقَ نجاتِهم

كَبِرُوا على مَألُوفِهم

وتَوهَّجوا

لمّا تَمَشَّى الليلُ فِي طُرُقَاتِهم

كَبِرُوا على الدُّنيا

فما اكتَرَثُوا بِها أَبَداً

ولا رَكَعُوا بغيرِ صَلاتِهم

ولأنَّهُم أهلٌ لكلِّ عظيمَةٍ
نَزَعُوا فَتيلَ الخوفِ من (جِينَاتِهم)

كَبِرُوا على المعنى
فَفَكُّوا شَفرَةَ المجهولِ
واكتَشَفُوا حقيقةً ذاتِهم

ولأنهم عاشوا الرِّوايَةَ كلَّها
كَتَبُوا..
فخافَ الخوفُ من كَلِمَاتِهم

كَبِرُوا على النِّسيَان

فاحتَفظوا بِكُلِّ الذِّكرَياتِ

ورَتَّقُوا طَعَنَاتِهِم

هُم هؤلاءِ السَّائِرونَ إلى الضُّحَى

والمُعجِزاتُ تُطِلُّ من خَطَوَاتِهِم

الصَّاعِدُونَ إلى سماواتِ الحقيقةِ

مَالِئِينَ من اليقينِ رِئَاتِهِم

والأقوياءُ

فلا يُحِسُّ بِضَعفِهِم

إلا كَمَالُ الحبِّ في فَتيَاتِهِم

الذَّاهِبونَ إلى السَّرَابِ

نِكَايَةً بالمَاءِ

حينَ طَغَى على شَتَلاتِهِم

والمَاكِثُونَ لَدَى الأَسَى

يغتَالُهُم ظَمَأً الحنينِ لِنِيلِهِم وفُرَاتِهِم

هُم هؤلاءِ...

الشَّارِبُونَ على القَذَى دَوماً

وقد مَنحُوا الصَّدَى غَيمَاتِهِم

المُبعَدُونَ عنِ اخضِرَارِ بِلادِهِم

يُخفُونَ قَهرَ الكَونِ في ضَحكَاتِهم

مَن يُشرِقُونَ الآنَ في المنفى

ويبتسمونَ كي لا يشعُروا بشَتَاتِهم

من يحفظونَ حِكَايَةَ الوَطَنِ البَعِيدِ

مَذَاقَ قَهوَتِهم

ونَشوَةَ (قَاتِهم)

هَا هُم أَمَامَكَ في المَنافي كُلِّهَا

فانظُر لِحُزنِ البُنِّ في قَسَمَاتِهم

هَا هُم هُنالِكَ ..

يكتُبونَ جِرَاحَهُم

فاقرأ لَنَا يا دَهرُ مِن مَأسَاتِهِم

يا سَيِّدي التاريخُ

حينَ تَزُورُهُم:

سَلِّم على المَخبوءِ مِن زَفَرَاتِهِم

في كُلِّ منفىً أوجُهٌ يَمنيةٌ

تتلخصُ الأوجاعُ في نَظَرَاتِهِم.

ما تَيَسَّرَ من عينَيها

(الطريق سرعان ما تنتهي
لمن ليس له ظل)
أُنسي الحاج

بما تَيَسَّرَ من عَينَيكِ

يا «يُسرَى»

مُرِّي على عاشِقٍ

لم يستطِع صَبرا

مُرِّي على رَجُلٍ

من فَرطِ خيبتِهِ

لم يمتلك وطناً يُؤوِيهِ،

أو قَبرا

وشاعرٍ

لم يَجِد في المَاءِ صُورَتَهُ

ولا ارتقَى سُلَّمَ المَعنَى

ولا أَسرَى

رُؤَاهُ ليست سوى نَزفٍ على طَلَلٍ

ومهرجانِ دموعٍ

لم تَجِد مَجرَى

ولم يَزل عالِقاً

في غَيهَبِ القَلَقِ الرُّوحيِّ

مُتَّشِحاً أحلامَهُ الصُّغرَى

كأنْ تَمُرِّي عليهِ الآنَ،

غافرةً عُمراً بدونِكِ

ـ يا أهدَى الخُطى ـ مَرَّ

وأنْ تَمُدّي يَدَيكِ الغَيمَتَين
إلى أعماقِهِ
فيَرَى معناهُ مُخضَرّا

مُرّي ليكتبَ عن جُرحٍ يُرَافِقُهُ
وعن ضَيَاعٍ طويلٍ
يَقضِمُ العُمرَا

وزَحزِحي ليلَهُ القَسرِيَّ
وارتَجِلي له سماءً،
تُرَبّي أنجُماً زُهرا

ورَاوِدي قَلبَهُ المَوجُوعَ

واقتَرِحي لهُ صباحاتِ عِشقٍ

واهطُلي عِطرا

صديقتي

لم يَعُد لي أصدقاءُ هُنا

إلا الذينَ أَحَاطُوا بالأسَى خُبرا

الباحثونَ عنِ الدنيا

وما وَجَدُوا إلا مَواجِعَها

من حولِهم تَتَرى

بِهم حنينٌ إلى الماضي

وما حَمَلوا مِنهُ

سوى التَّعبِ المُمتَدِّ

والذِّكرى

مُعَذَّبُونَ بما يكفِي

لينطَفِئُوا يأساً

ويبتَلِعُوا أحلامَهم

قهرا

وظَامئونَ لصَهباءِ الخيالِ

ولم يَرَوا عَناقِيدَها

أو يَبلُغُوا سُكرا

كم يُشبِهون انطفائي

قبلَ أن تَطَئِي غياهِبي

وتَفيضي في غَدِي سِحرَا

كانت مواعيدُ إصباحي مُعَطَّلَةً

وحينَ جِئتِ استفاقَ الضَّوءُ

وافتَرَّا

وكنتُ آوِي إلى المعنى

ليعصِمَني من الظَّلام

فألقى ليلَهُ أزرَى

وكنتُ أحلمُ بالمنفى

كأيِّ غريقٍ

لا بلادَ لهُ في الضِّفةِ الأُخرى

فكنتِ أشرعةً بيضاءَ تُبحِرُ بي

وشاطئاً

وبلاداً لم تَزَل بِكرا

حبيبتي

كلُّ نبضٍ فيَّ

مُرتَقِبٌ هُطولَكِ العذبَ

في صَحرائِهِ الكُبرى

لولاكِ ما اخضَرَّ هذا القلبُ

ما ابتَكرَت دَقَّاتُهُ فِكرةً

أو أنبتَت زَهرا

يا أنتِ

يا غيمةً سِحريَّةً

هَطَلَت عليَّ يوماً

فسالت دَهشتي نهرَا

منذُ افترقنا

تَمشَّى داخِلي ظَمَأً

وأصبحَ الوقتُ ناراً في دمي تَضرَى

ولو مَرَرتِ عليَّ الآنَ

لانبَجسَت رُؤايَ

وائتَلَقت آفاقُها شِعرَا

مُرّي على صوتِيَ المَبحُوحِ

أغنيةً

تكفِي لأخلُقَ من هذا الدُّجى فَجرَا

مُرِّي لأُنقِذَ أوراقاً

يُؤَرِّقُها طيفُ الأغاني

التي لم تكتمل دَهرا

وكي أُحُرِّرَ روحي

من تَرقُّبِها الغدَ البعيدَ

وما لاحت لها بُشرى

وأستريحَ من الصَّمتِ الثقيلِ

ومن رُؤىً تَشَيخُ

ولم تَبلُغ معي عُذرَا

ومن قصيدةِ حُبٌّ

لن تجيءَ سوى

بما تَيَسَّرَ من عَينَيكِ

يا «يُسرَى».

الفهرس